AF243285

DE LA

DIFFAMATION

EN MATIÈRE

ÉLECTORALE

Calomnier, c'est attaquer, blesser l'honneur de quelqu'un par de fausses imputations.

Calomnie, c'est la fausse imputation qui blesse la réputation et l'honneur.

Diffamer, c'est décrier, chercher à déshonorer, à perdre de réputation.

Diffamation, c'est l'action de diffamer quelqu'un, de porter atteinte à son honneur et à sa réputation.

Libelle, écrit satirique, injurieux contre la probité, l'honneur et la réputation de quelqu'un.

La loi du 17 mai 1819, article 13, s'exprime ainsi :

« Toute allégation ou imputation d'un fait qui porte atteinte à l'honneur ou à la considération de la personne ou du corps auquel le fait est imputé, est une diffamation. »

Par cette définition, la loi de 1819 fait connaître

clairement que, non-seulement l'imputation calomnieuse, mais l'allégation, la divulgation d'un fait vrai qui porte atteinte à l'honneur et à la considération, est une diffamation.

Exemple : si l'on dit d'une femme qu'elle a les mœurs légères et que ce soit faux, il y a calomnie; mais si le fait est vrai, il y a néanmoins diffamation, et ce propos est punissable.

Ce principe est assez généralement ignoré du public. Presque tout le monde pense faire une distinction suffisante entre la calomnie, c'est-à-dire l'imputation mensongère, qui est une action très-coupable selon le sentiment unanime, et la révélation plus ou moins étendue, plus ou moins bruyante de fautes et de faits répréhensibles, présumés vrais ou reconnus vrais.

Malgré le principe tant de fois proclamé, que *la vie privée doit être murée,* cette révélation de faits vrais semble, à la plupart des humains, une chose absolument innocente devant la loi. Beaucoup de gens croient peut-être même faire une œuvre à peu près morale en divulguant ce qu'ils savent de fâcheux sur ceux qu'ils n'aiment guère. On croit éviter tout reproche de bassesse, tout soupçon de malignité en suppliant ceux auxquels on s'adresse de n'en rien redire. Et, après tout, on juge que le blâme sévère qu'on inflige à la faute commise par autrui, est une excuse suffisante de la délation que l'on commet soi-même sous couvert de quelque prétexte austère.

Cependant le principe de la loi de 1819 est fort ancien :

« La médisance et la calomnie, dit Merlin, peuvent être l'une et l'autre la base de la diffamation ; car on peut nuire à autrui en publiant le mal qu'on sait, comme en publiant celui qu'on imagine.

« Dans tout État bien policé, il n'est nullement permis aux citoyens de se diffamer les uns les autres ; la tranquillité publique exige qu'ils se respectent entre eux, autrement l'injure deviendrait la source des excès et des désordres les plus grands. N'importe que la diffamation ait la vérité du fait pour principe ; si, sous prétexte qu'on ne dit que la vérité, on était libre de divulguer ce qu'on sait sur le compte d'autrui, ce prétexte donnerait lieu à des discordes et à des haines perpétuelles. » *(Répertoire de jurisprudence.)*

Nos anciennes lois, à l'imitation des lois romaines, défendaient la diffamation ; mais elles ne prononçaient que des peines arbitraires contre les diffamateurs, parce que, aux yeux du législateur de cette époque, tout dépendait de la nature de l'offense, de la qualité de la personne, de la gravité de l'imputation et du préjudice qui en résultait.

Jusqu'à l'époque de la Révolution, les peines étaient souvent terribles. On cite des gentilshommes, des avocats, des prêtres pendus ou brûlés avec leurs écrits, pour cause de diffamation.

« Différents particuliers, dit Merlin, furent condamnés par un arrêt du 27 août 1757, les uns à la flétrissure et aux galères, les autres au carcan et au bannissement, pour avoir composé, imprimé et débité des vers scandaleux contre des personnes constituées en dignité. »

Les dommages-intérêts, l'amende honorable, étaient souvent prononcés contre les diffamateurs, et le juge les traitait avec sévérité, lors même que la personne diffamée n'était point d'une haute condition.

« Un nommé Simon de Ligny, marchand de bestiaux à Orléans, pour avoir médit *contre l'honneur et la réputation* d'un nommé Gillain, marchand boucher à Paris, fut condamné par un arrêt du 13 juillet 1731, confirmatif d'une sentence du Châtelet de Paris, du 11 juillet 1730, à fournir une rétractation, à une réparation pécuniaire et aux dépens; il fut de plus ordonné que la sentence serait imprimée et affichée partout où besoin serait. »

Merlin ajoute :

« Ces exemples et nombre d'autres que nous aurions pu citer, prouvent que la diffamation n'est jamais traitée légèrement. On la regarde comme le fruit de la réflexion, de la méditation et d'une envie décidée de nuire à autrui : en quoi elle diffère de ces propos et de ces traits injurieux qui échappent quelquefois dans une dispute, et qu'on ne punit point ordinairement avec autant de sévérité, parce qu'on présume que le coupable s'en fût abstenu s'il n'eût été dans la chaleur de l'emportement. Ainsi quand l'injure n'a point été provoquée, elle est infiniment plus répréhensible : elle est le fruit de la malignité. Ses effets sont d'autant plus dangereux, qu'elle laisse des cicatrices souvent ineffaçables : le public se souvient plus aisément du mal que du bien qu'il a entendu publier sur le compte d'autrui ; on ne saurait donc être trop sévère contre ceux qui, de dessein prémédité, se rendent diffamateurs sans aucun intérêt que de jouir de la satisfaction secrète de perdre d'honneur et de réputation l'objet de leur haine ou de leur rivalité ; il y a souvent peu de différence entre assassiner quelqu'un et lui ravir l'honneur.

« L'injure résultant des libelles, dit un ancien juriste, est beaucoup plus grave que les injures verbales, soit parce qu'elle est ordinairement plus méditée, soit parce qu'elle se perpétue bien davantage ; une telle injure, qui attaque l'honneur, est plus sensible à un homme de bien que quelques excès commis en sa personne. »

Merlin dit encore :

« L'injure par écrit mérite, en général, une punition plus sévère que l'injure verbale. Les ordonnances... avaient à cet égard des dispositions très-rigoureuses.

« L'article 13 de la déclaration du 17 janvier 1561, veut que *les imprimeurs, semeurs et vendeurs de placards et libelles diffamatoires*, soient punis du fouet, pour la première fois, et de la mort, en cas de récidive.

« Des lettres patentes du 10 septembre 1563 ont fait défense à toute personne, *sous peine de confiscation de corps et de biens, de faire ni semer libelles diffamatoires...*

« L'ordonnance de Moulins défend expressément à tous les sujets du roi d'écrire, imprimer et exposer en vente aucuns livres, libelles ou écrits diffamatoires et convicieux contre l'honneur et renommée des personnes, sous quelque prétexte et occasion que ce soit; et déclare les auteurs de telles écritures, imprimeurs et vendeurs, et chacun d'eux, infracteur de paix et perturbateur du repos public; et, comme tels, veut qu'ils soient punis des peines contenues ès–édits du royaume; enjoint aux sujets du roi, qui ont tels livres ou écrits, de les brûler, sous les peines desdits édits.

« L'article 10 de la déclaration du 16 avril 1571 défend, *à peine de punition corporelle, tous libelles, placards et portraits diffamatoires;* et veut qu'il soit procédé extraordinairement, *tant contre les auteurs, compositeurs et imprimeurs, que contre ceux qui les publieront à la diffamation d'autrui.*

« L'édit du mois de janvier 1626 veut *que tous ceux qui se trouvent avoir attaché ou semé des placards ou libelles diffamatoires, soient punis de la peine de mort.*

« L'article 99 du règlement fait au conseil le 22 février, concernant la librairie et l'imprimerie, porte que « ceux qui imprimeront ou feront imprimer, « vendront, exposeront, distribueront ou colporte-

« ront des livres ou libelles contre l'honneur et la
« réputation des familles et des particuliers, seront
« punis suivant la rigueur des ordonnances; et, à
« l'égard des imprimeurs, libraires, relieurs ou col-
« porteurs, ils seront en outre privés et déchus de
« leurs priviléges et immunités, et déclarés incapa-
« bles d'exercer leur profession sans pouvoir y être
« jamais rétablis. »

« Un arrêt (du parlement de Dijon), du 29 janvier 1781, déclare Étienne G..., clerc tonsuré du dio-
cèse d'Autun, dûment atteint et convaincu d'avoir fa-
briqué plusieurs écrits injurieux et calomnieux et d'y
avoir apposé des signatures fausses; pour réparation
de quoi, le condamne à être appliqué au carcan un
jour de marché, en la ville de Beaune, par l'exécu-
teur de la haute justice, et y rester une heure ayant
écriteaux devant et derrière, portant ces mots en gros
caractères : *Faussaire et calomniateur ;* et pour plus
ample réparation, le bannit à perpétuité hors du
royaume. »

Sans pousser si loin la sévérité, nos lois nouvelles,
postérieures à la Révolution, se sont montrées sou-
cieuses de la réputation des citoyens; elles ont édicté
des peines contre les diffamateurs et elles ont pris de
grandes précautions en cette matière. La poursuite
n'est intentée que sur la demande des intéressés; le
législateur leur laisse le soin de décider s'il est pré-
férable pour eux de réclamer les sévérités de la loi
au risque d'étendre la publicité des outrages, ou s'il

ne leur convient pas mieux de répondre aux diffamateurs par le mépris et le silence.

« Nul n'est admis à prouver la vérité des faits diffamatoires, si ce n'est dans le cas d'imputation contre des dépositaires ou agents de l'autorité, ou contre toute personne ayant agi dans un caractère public, de faits relatifs à leurs fonctions. » (Loi du 26 mai 1819, art. 14.)

« Le plaignant en diffamation ou injure pourra faire entendre des témoins qui attesteront sa moralité. Le prévenu ne sera point admis à faire entendre des témoins contre la moralité du plaignant. » *(Id., art. 23.)*

Voilà donc les principes de la législation en cette matière, et ses prescriptions judicieuses, minutieuses même, conformes d'ailleurs aux préceptes de l'honnêteté publique et privée la plus élémentaire.

Voyons maintenant la pratique électorale.

La calomnie a été, de tout temps, un arsenal où les partis ont cherché des armes les uns contre les autres. Il serait facile d'accumuler des exemples historiques pris dans toutes les époques; rappelons seulement ce qui s'est passé après février 1848.

Les républicains sont d'abord salués, adulés; ensuite on distingue les républicains modérés et les républicains exagérés. Quant aux socialistes, ils sont tout de suite mis au ban de l'opinion, on les appelle : les ennemis de la société.

Puis, on fait un autre triage : républicains trico-
lores, républicains rouges, socialistes bien inten-
tionnés quoique égarés, socialistes pervers qu'on
désigne sous le nom de communistes.

Bientôt la crise s'aggrave, et tout républicain qui
n'est pas honnête et modéré, c'est-à-dire ennemi de
la République, est un *rouge,* un *partageux*. Rouge,
c'est-à-dire altéré de sang, prêt à relever la guillo-
tine ; partageux, c'est-à-dire affamé du bien d'autrui
et des femmes de tous, qu'il veut mettre en commun.

Enfin la définition devient complète. On appelle les
républicains : les éternels ennemis de l'ordre, de la
propriété, de la famille et de la religion.

D'ailleurs les modérés assurent que, dans les jour-
nées révolutionnaires, les forçats libérés jouent un
rôle principal, et les journaux modérés en concluent
que le parti républicain est le parti des forçats libérés. Nous avons vu cela vers 1850.

Naguère on a publié que les républicains for-
maient le parti de l'étranger, le parti des Prussiens.
On a répandu une prétendue lettre d'un personnage
étranger, grand ennemi de la France, où ce personnage déclare que le succès du parti républicain
devant être absolument fatal à la nation, c'est ce parti
qu'il faut protéger en France.

Dans la préface de cette honnête publication, l'auteur s'écrie : « Français, et vous surtout républicains
honnêtes et sincères, lisez-la. Faites votre profit de
ces vues si profondes, de ces projets secrets, de ces

aveux intimes. Lisez-la et tirez-en la conclusion indiquée par le bon sens et le patriotisme. »

La conclusion, c'était naturellement que tout bon Français devait abattre la République et proscrire les républicains.

Mais la brochure contenait un tel éloge des vertus et des supériorités d'intelligence et de mérite du parti clérical, le grand personnage étranger y vantait ces mérites des cléricaux en termes si bêtes et si contraires au caractère de ce personnage et à ses plans, qu'il était facile de reconnaître dans cette prétendue lettre l'œuvre d'un simple sacristain.

La diffamation politique a pris dans ces derniers temps toutes les formes, elle semble être parvenue aux dernières extrémités.

Il résulte d'un récent discours de M. Hémon, député du Finistère, que l'on a entendu des prêtres dire aux électeurs, du haut de la chaire, « que les candidats républicains voulaient réaliser un ensemble de doctrines encore plus insensé peut-être que criminel ». (*Journal officiel* du 15 décembre 1877.)

« Et ce langage, nous disons que le clergé ne l'a pas seulement tenu dans les chaires et sur les places publiques, mais qu'il l'a tenu aussi dans une publication caractéristique, dans un pamphlet qui lui appartient, qui a pour collaborateurs les seuls membres du clergé... je veux parler du *Feiz ha Breiz,* petit journal rédigé en langue bretonne et qui a le droit d'être cité dans l'histoire électorale de ce temps, même après le *Bulletin des Communes.* »

Que sont-ils, les républicains, d'après cette feuille?

« *Des hommes révoltés contre le gouvernement de leur pays, des hommes qui veulent anéantir l'ordre, la famille, et plusieurs d'entre eux la propriété...*

« *Des hommes qui veulent ruiner les paysans au profit des chiens de ville...* »

« Cela était écrit le 10 octobre.

« Vous n'avez pu manquer de remarquer, dit l'orateur, un passage particulièrement odieux : c'est ce cr de haine poussé vers les paysans, à qui l'on montrait comme résultat d'un vote républicain, la ruine des campagnes au profit de ceux qu'on appellé les chiens de ville.

« C'est là un ordre d'idées dans lequel on s'est complu pendant l'élection ; la discorde entre les citoyen des campagnes et les citoyens des villes a été attisée par les organes de la presse qui a patronné les candidatures officielles. Et le journal le *Feiz ha Breiz* donnait à cette pensée le commentaire que je vais placer sous vos yeux.

« Voici ce que sont les députés des villes...

« Voici ce qu'ils disent des paysans : « *Jetons sur eux* « *les impôts.* » Qui, diable! avant ces derniers temps, « avait vu mettre des impôts sur les chevaux, sur les « voitures suspendues ? — et qui a eu cette idée? les « députés des villes. En vérité, qui serait assez fou « pour croire qu'un paysan, qui a déjà assez de peine à

« payer son propriétaire, aurait nommé un député pour
« augmenter tous ses impôts, jusqu'à en mettre sur le
« chien qu'il nourrit pour se garder des voleurs? Non,
« pour les villes et pour les députés qu'elles nomment,
« c'est un chagrin de voir le paysan vivre à l'aise, et
« de voir même un chien veiller sur ce qu'il a.

« Il est vrai qu'il leur serait plus facile de lui
« dérober le peu qu'il possède, s'il n'avait pas de
« chien pour le garder. »

« Je ne sache pas, ajoute M. Hémon, qu'il y ait
rien de plus abominable que ces excitations à la haine,
ces appels à la guerre sociale, quand on songe surtout qu'ils sortent de la bouche de ministres d'une
religion dont les premières et immortelles règles ont
été la paix et la fraternité parmi les hommes. »

Un ministre de l'intérieur dit aux préfets par l'or-
gane du *Bulletin des communes* (6 juillet 1877) :
« Votre rôle est de vous mettre continuellement en
rapport avec les populations pour empêcher qu'on ne
les égare et qu'on ne les trompe. »

Un tel discours, assurément, appelle l'attention des
citoyens, il leur inspire confiance, car, en parlant ainsi,
le ministre est dans son droit, il remplit un devoir.
Et les populations auxquelles le *Bulletin* est adressé,
par l'intermédiaire des maires qui sont tenus de l'afficher à la porte des mairies, ne peuvent imaginer que
ce langage ait d'autre but que d'éclairer leur bonne
foi.

Mais comment le ministère exerce-t-il ce droit, comment remplit-il ce devoir ?

La question est d'autant plus intéressante qu'un ancien député, faisant partie des *363,* s'étant trouvé diffamé par un article de ce *Bulletin* du 6 juillet, et ayant assigné le ministre de l'intérieur en diffamation devant le tribunal de la Seine, le tribunal s'est déclaré incompétent, attendu qu'en faisant rédiger, imprimer et publier le *Bulletin des communes,* le ministre était dans l'exercice de ses fonctions.

Le tribunal renvoyait d'ailleurs le plaignant à se pourvoir devant qui de droit.

Or, à la fin d'août, et à la requête de trois autres membres de la Chambre dissoute, faisant aussi partie des *363,* le tribunal de Nevers condamnait pour diffamation un journal qui avait reproduit un article du *Bulletin des communes.*

Voilà donc la nature essentielle de ces faits historiques :

Le ministre annonce aux populations qu'il va veiller à ce que personne ne les trompe ; et, sous ce couvert, il s'efforce de décrier les anciens députés de la gauche.

Il agit ainsi à l'abri de son titre ; c'est dans *l'exercice de ses fonctions,* en usant de la puissance gouvernementale de la république, qu'il travaille à décrier les anciens députés républicains, et même tous les républicains de la France, devant le corps électoral.

En vertu de l'article 75 de la constitution de l'an VIII, sa situation le met à l'abri des poursuites, ainsi que le déclare un jugement du tribunal de la Seine ; mais ce qui prouve que le langage du ministre dans le *Bulletin* est diffamatoire, c'est que le tribunal de Nevers condamne comme diffamateur un journal qui a reproduit ce langage.

Assurément, le langage politique, surtout en temps d'élections, admet des hyperboles dont il faut savoir sourire.

Lorsqu'un candidat s'écrie devant les électeurs qu'il combat la république parce qu'il la juge incompatible avec les saines doctrines gouvernementales, parce qu'elle conduirait la nation à sa perte, etc. ; lorsqu'il déclare que les républicains lui sont profondément suspects, qu'il les considère comme les éternels ennemis de l'ordre, etc. ; lorsqu'il amplifie ces déclarations et les exprime avec plus ou moins de violence, il n'y faut voir que des formes oratoires auxquelles les républicains peuvent répondre avec une égale véhémence.

Mais lorsque, sortant de ces généralités, on prend à partie des hommes désignés et qu'on les accuse d'intentions criminelles que l'on précise ; lorsque ces accusations sont absolument contraires à la vérité, ce n'est plus de la discussion politique permise, c'est de la calomnie.

En 1877 les adversaires des républicains sont arrivés à confondre, sous la dénomination commune de *radicaux,* tous les républicains, quelque modérés qu'ils soient, et même M. Thiers.

C'est déjà une confusion qui dépasse sans doute les

limites permises ; elle choque ceux qui, en prenant la
dénomination de radicaux, entendent désigner par là
un certain corps de doctrines ; elle choque non moins,
sans doute, ceux qui se déclarent républicains, mais non
pas radicaux. Cependant, admettons que c'est encore
une hyperbole oratoire dont chaque candidat peut
repousser le mensonge en ce qui le concerne.

Mais lorsque, sortant de ces généralités et de ces
artifices de langage, on dit du parti républicain, désigné sous le nom de radicalisme : — « C'est la ruine
de toutes les forces sociales, la désorganisation de
la magistrature, de l'administration, de l'armée elle-
même, le bouleversement de vos finances... »

On profère d'insignes calomnies ; car, en aucune
circonstance, le parti républicain, au pouvoir ou dans
l'opposition parlementaire, n'a voulu désorganiser la
magistrature ni l'administration ; il a au contraire
soutenu généralement, quant à l'administration, qu'elle
devait être maintenue en dehors des luttes électorales
qui la déconsidèrent et obligent, trop souvent, le gouvernement à se priver ensuite des services d'adminis-
trateurs expérimentés qu'il n'est pas toujours facile
de remplacer. D'ailleurs, puisque la république est le
règne des lois, et que son triomphe ne peut être autre
chose que l'établissement d'une plus grande et meil-
leure justice dans notre société moderne, sans quoi
elle ne triompherait point ; puisque, d'un autre côté,
la magistrature est la gardienne des lois et de la justice
établie, tout républicain veut nécessairement une ma-

2

gistrature intègre, fortement organisée et respectée.

Pour l'armée, c'est le parti républicain qui insiste le plus afin qu'on la mette le plus tôt possible en état de défendre victorieusement le pays, et d'assurer au gouvernement de notre nation la part légitime d'autorité qui doit lui appartenir dans le monde. Jamais depuis le commencement de la dernière guerre, soit au Corps législatif, soit dans les assemblées plus récentes, les républicains n'ont rien refusé au ministre de la guerre, quel qu'il fût. Ils se sont bien plutôt étonnés de ce que l'organisation de l'armée territoriale n'est point plus avancée, et de ce que les lois sur l'état-major ne sont point définitivement élaborées.

Quant au prétendu bouleversement de nos finances, cette accusation, si dangereuse devant un peuple qui paye tant d'impôts, est fort extraordinaire ; car c'est la république qui a rétabli nos finances bouleversées par la funeste guerre contre laquelle les républicains s'étaient si fortement prononcés au Corps législatif et dans la presse.

Or, quel est l'éditeur de ces calomnies dans les termes que nous venons de rapporter ?

C'est le *Bulletin des communes* (28 septembre).

C'est le ministre lui-même qui fait publier et afficher ces calomnies contre les candidats anciens députés de la gauche.

Diffamatoire est ce langage, sans aucun doute ; mais émanant d'un ministre qui a commencé par déclarer qu'il voulait empêcher qu'on trompât les populations, ce langage paraît contenir un autre délit plus grave.

Nous admettons que cet autre délit n'est pas précisément prévu par nos lois. Nous ne croyons pas d'ailleurs qu'on doive jamais presser le sens de la loi pénale existante pour l'appliquer à des adversaires politiques ; mais, comme législateur, nous n'hésiterions pas à demander que ce délit fût atteint par quelque disposition spéciale et qu'on pût lui appliquer pour l'avenir une pénalité sévère.

La fonctionnaire est protégé par l'article 75 de la constitution de l'an VIII, portant qu'il ne peut être poursuivi, pour faits relatifs à ses fonctions, qu'en vertu d'une décision du conseil d'État.

Cette disposition n'est assurément pas établie dans l'intérêt du fonctionnaire lui-même ; et, afin d'éviter une grosse discussion incidente, nous admettrons qu'elle est établie dans l'intérêt général pour lequel est instituée la fonction.

Mais pourquoi dans certains cas, que désigne hautement l'intérêt général et public, tels que le cas de diffamation, le fonctionnaire administratif ne serait-il pas replacé sous le coup de la loi commune ?

Dans l'état actuel de la législation, si par le fait d'un fonctionnaire agissant dans l'exercice de ses fonctions vous êtes diffamé, ruiné, déshonoré, vous n'avez qu'à vous taire ; rien à attendre de la justice ; car la loi est formelle : *il a agi dans l'exercice de ses fonctions,* le juge est impuissant pour vous.

Quant au recours devant le conseil d'État afin d'obtenir l'autorisation de poursuivre, c'est un droit à peu près nul en pratique, à cause du temps, des voyages et des dépenses considérables qu'exige une telle instance, dont l'issue paraît incertaine. D'ailleurs, même en cas de succès, ce n'est qu'une première difficulté vaincue, avant d'aborder la perte de temps et les dépenses nouvelles qu'exige le procès devant le tribunal. La victime reste donc presque toujours désarmée et brisée.

Qu'une simple disposition législative déclare que tous les fonctionnaires, y compris les ministres, peuvent être poursuivis sans autorisation en cas de diffamation, aussitôt ils peuvent être poursuivis à la fois par tous ceux qu'ils ont outragés ou qui l'ont été en vertu de leurs ordres.

Si le minimum des dommages-intérêts envers la personne diffamée par un fonctionnaire était fixé à cent francs ainsi que le minimun de l'amende, et qu'un ministre s'avisât encore de diffamer cinq ou six cents candidats, il serait ainsi passible d'une réparation pécuniaire montant à cent ou cent vingt mille francs, sans compter les frais.

Il est présumable qu'une telle disposition légale introduirait une certaine aménité dans les procédés électoraux, surtout si elle était appliquée aux préfets.

Avant de poursuivre nous ferons quelques remarques.

D'abord, cette contradiction entre la légalité et la pratique en matière de diffamation, comme en beaucoup d'autres matières, montre que, chez nous, certaines lois très-importantes ne sont pas observées.

Qui a tort?

Est-ce le législateur édictant des lois inapplicables? Est-ce le magistrat qui n'applique pas les lois? Est-ce le public qui les viole d'une manière unanime sans les connaître ou en les méprisant?

Faire la part des torts serait une tâche longue; pour être équitablement accomplie, cette tâche exigerait plus d'espace que nous n'en avons ici; nous préférons remarquer simplement qu'à l'époque où nous sommes, l'incohérence des idées est devenue excessive dans notre pays. Cette incohérence est excusable pour chacun des Français en particulier, parce qu'elle ne résulte nullement d'un manque de bon sens ou de bonne volonté dans l'œuvre journalière de la vie, ni d'un manque de bienveillance, ni d'un désœuvrement fort rare dans ce pays; elle résulte de faits successifs antérieurs à nous tous et qui pèsent sur nous tous.

Avec une éducation monarchique de plus de mille ans, nous sommes en dehors de la monarchie.

Depuis bientôt quatre-vingt-dix ans, nos lois ont été tour à tour dictées par l'esprit républicain, le despotisme et les théories constitutionnelles basées sur l'électorat limité et la possession des richesses.

Cependant, chaque régime successif a gardé dans son arsenal toutes les armes de ses prédécesseurs, et, quelle que fût la forme du gouvernement, la propagande pour les diverses théories politiques n'a jamais été interrompue. Si l'on tient compte enfin de l'antagonisme ardent des doctrines religieuses et des écoles philosophiques diverses, en présence des vastes théories scientifiques modernes, on sent facilement que rien ne saurait être plus divergent que l'ensemble des idées générales et des principes intellectuels qui ont cours dans notre pays.

Il ne faut pas y voir un symptôme de décadence; jamais l'abondance des idées et l'ardeur des passions publiques n'ont été des symptômes de décadence; bien au contraire, il faut voir dans cet état de choses le signe inséparable du double phénomène qui s'accomplit sous nos yeux avec la puissance et la continuité des phénomènes cosmologiques ; c'est-à-dire, d'une part : dissolution irrémédiable d'une ancienne organisation nationale, la monarchie, qui aura mis un siècle à dépérir après Louis XIV, et un autre siècle à mourir définitivement.

D'autre part, l'établissement d'une organisation nouvelle, fondée sur des principes nouveaux dans ce pays, armée d'instruments nouveaux, c'est-à-dire la république, et même une république dont les formes définitives ne sont pas bien distinctes encore.

Ces contradictions historiques et dogmatiques, cette confusion, cette dispute des faits, des principes et des idées en France, à l'heure actuelle, est donc l'explication d'une multitude d'étrangetés qu'on peut constater chez nous ; mais il faut sortir au plus tôt de cette incohérence, surtout en ce qui concerne l'obéissance aux lois, ainsi que l'accord des principes publics et des mœurs politiques. La nécessité d'y penser et d'y pourvoir, chacun en ce qui le concerne, s'impose d'une manière pressante, non-seulement à tous les hommes qui ont charge d'établir la république, mais en outre à tous ceux qui ont souci de la paix intérieure et de la dignité même de la nation.

On a fait jadis sous ce titre : *les Malheurs d'un amant heureux*, une comédie qui a beaucoup intéressé nos pères.

Un homme, plusieurs fois aimé, y voyait apparaître une procession de conséquences très-désagréables de ses anciens succès. Mais l'auteur de la pièce n'avait pas suivi l'étude jusque dans la politique ; c'est là cependant qu'elle présenterait le plus matière à réflexions.

L'extrême incohérence qu'on observe dans les idées de notre temps est surtout flagrante au sujet de l'amour.

J'ignore comment le dieu parle d'abord aux jeunes filles, mais je sais quelle est sa puissance sur le cœur de l'homme en sa jeunesse. Charme suprême, fatalité adorable, il apparaît à l'adolescent lettré, tour à tour dans sa forme funeste, sous les traits antiques de Phèdre, d'Hélène et d'Oreste, dans sa forme terrible sous les traits d'Othello, puis sous les traits charmants de Juliette, enfant et femme à la fois.

Comment le jeune homme échapperait-il à cette contemplation secrète, puisqu'on lui donne en prix des livres tout pleins de l'amour séduisant, irrésistible?

Prenez les choses dans ce qu'elles peuvent avoir de meilleur : qu'il soit élevé par une famille honnête et grave, placée très-haut dans la considération du monde et loin des dépravations si contagieuses pour la jeunesse.

Placez-le souvent à la campagne, en plein air, travaillant de ses bras, chassant, courant les bois; qu'il ait gardé longtemps la chasteté qui mûrit les forces et maintient la pureté mystérieuse des passions grandissant en silence.

A la campagne tout aime cependant, et rien ni personne ne se cache d'aimer, chaque être selon sa manière. La fleur, elle-même, dont un manuel de botanique et une loupe lui enseignent l'histoire, la fleur est un lit embaumé où le symbolisme universel, mâle et femelle, se présente en grande parure et accomplit la loi avec une naïveté qui dépasse celle des bêtes.

A dix-huit ans, vingt ans, un peu plus tôt, un peu plus tard, le jeune homme cherche partout l'heure et l'occasion d'accomplir aussi sa part de la loi universelle. Le meilleur, le mieux doué, le mieux élevé n'est défendu quelque temps encore que par l'idéal d'Hélène et l'idéal de Juliette; c'est Hélène ou Juliette qu'il lui faudrait.

Mais l'attente n'est jamais bien longue ; il suffit d'un sourire, il suffit d'un regard, l'infini réel de l'amour lui apparaît dans une femme rencontrée, reconnue tout à coup ; Hélène et Juliette ont fui pour toujours ; que dis-je ? c'est Hélène ou Juliette elle-même qui paraissent ! et le poëme commence.

Qui pourrait l'arrêter ? pourquoi s'arrêterait-il ?

« Eh quoi ! s'écrieront plusieurs lecteurs, et les principes ? »

Soit, quelques jeunes gens seront défendus par des principes, d'autres contracteront d'affreux vices qui leur apporteront des misères cent fois pires que tous les malheurs des amants ; je laisse ceux-là de côté, je parle du plus grand nombre. Voyons donc par quelles raisons ils pourraient bien s'écarter d'Hélène ou de Juliette ; rencontre inévitable.

Dans nos lois l'amour avec Hélène s'appelle adultère ; avec Juliette, il s'appelle provocation à la débauche des mineures. Sous ces noms on le poursuit et on le condamne à l'emprisonnement et à d'autres peines très-sévères. Les liaisons entre personnes libres et majeures ne sont point punissables, mais le langage judiciaire les désigne et les flétrit sous le nom de concubinage. A ne voir que les lois, on pourrait croire que chez notre nation l'amour hors mariage est aussi rare et aussi réprouvé des honnêtes gens que le vol et le meurtre.

Pourtant, dans le monde, aussi bien en haut qu'en bas et partout, ces gros mots sont hors d'usage, et les idées sont tout autres. Pas un homme mûr et vieux garçon n'oserait dire qu'il n'a jamais eu d'amours, on le regarderait comme une cruche. On parle en souriant des assiduités de M. un tel chez Mᵐᵉ une telle, on annonce les heureux mariages de jeunes hommes qui se rangent enfin après avoir mangé plusieurs fortunes ou tout au moins perdu bien du temps avec des femmes que l'on nomme sans indignation. Les spectacles, les romans, les feuilletons des journaux ne parlent presque pas d'autre chose que d'Hélène ou de Juliette, et ce n'est que par exception fort rare qu'on voit la justice intervenir sur la demande expresse de quelque intéressé en ces matières.

Bien plus, on nomme et on montre l'amie intime de tel député, de tel sénateur, de tel ministre. C'est souvent une femme du monde qui reçoit beaucoup de monde et est très-bien reçue dans le beau monde. Et les hommes qui ont atteint une situation élevée, ayant presque toujours des liaisons d'amitié véritable et irréprochable avec des femmes intelligentes ou remuantes, on désigne avec précision celle qui a privilége d'amour; on dit tout net : c'est sa maîtresse.

Le monde fait bien certaines réserves à ce sujet. Il réprouve absolument le bruit et les choses trop visibles qui font scandale. Pour lui comme pour les bals publics, une tenue décente est de rigueur. Il rejetterait avec mépris l'homme qui n'observerait pas la discrétion, celui qui ayant troublé un mariage refuserait de se battre avec le mari, etc.

Au total, un célibataire de vingt-cinq ans accepte sans aucune difficulté ces conditions pour la recherche dont il est avide; et si entre les principes, la morale, les grosses menaces de la loi et les séductions du monde il peut hésiter encore, il ne tarde pas à entendre de très-honnêtes femmes parler bien naturellement de messieurs tels ou tels, hommes très-aimables, connus pour leurs bonnes fortunes; et le voilà tout à fait rassuré, car enfin, si l'amour libre était non pas un crime, mais seulement une mauvaise action, les honnêtes femmes dont la société passe chez nous, à juste titre sans doute, pour le meilleur enseignement des jeunes hommes à leurs débuts, les honnêtes femmes n'appelleraient pas l'amour libre du nom flatteur de *bonne fortune.*

Cependant lorsque l'âge mûr est venu, et le mariage avec lui; lorsque la situation s'est élevée et fixée, ce n'est pas sans un mélange de regrets très-sérieux qne l'homme réfléchit sur ces choses passées. Non pas qu'il en ait honte ni qu'il en fasse un reproche à celles qui l'ont charmé, non certes; soit que la mort n'ait laissé d'elles que des images, soit que des séparations ou des distances aient rompu tout lien jusqu'au dernier fil, elles restent comme les idoles voilées d'un temple plein d'ombre et fermé.

Mais si parfois un chant, un ruban, un rien qu'on retrouve, fait reparaître en un instant des scènes oubliées et charmantes; parfois aussi la rencontre d'un vieux domestique rentier et ivrogne, un ancien ami

déclassé, une femme de chambre autrefois alerte et
discrète, devenue vieille et impudente, vous parlent
en pleine rue de personnes qu'on désire envelopper
d'autant d'oubli que de respect, et, sans jamais man-
-quer de vous tendre la main, s'obstinent avec de gros
-rires à vous montrer le côté mauvais et l'envers de vos
souvenirs.

A cet égard, le passé des hommes politiques est
une mine très-riche pour les diffamateurs. Car, afin
de compléter les contradictions et l'incohérence des
idées de notre temps au sujet de l'amour, il semble
qu'au moment où un homme se présente pour obtenir
un mandat électoral, les galanteries de sa jeunesse
soient une grave difficulté ; presque invariablement cet
article figure dans l'acte d'accusation que dressent les
adversaires.

On répand le bruit qu'à une époque qu'on ne précise pas, vous avez détourné de ses devoirs une femme
mariée et même plusieurs. Par une discrétion chevaleresque et que tout le monde comprendra, on s'abs-
tient de les nommer et de dire où l'affaire s'est passée.

Dans ce cas il n'existe certainement aucun moyen
de détruire cette accusation même si elle est fausse :
et tous vos adversaires la colportent bientôt et la
détaillent à l'oreille, avec des circonstances très-noires
et honteuses. Quelquefois sans nommer la personne
on la désigne très-clairement pour quelques-uns qui,
ensuite, la nomment en secret à tout le monde.

Donc vous êtes un adultère, un être incapable de

représenter la pureté des idées politiques que vous professez.

Ensuite, on vous accuse d'avoir séduit une jeune fille, plusieurs jeunes filles. La preuve c'est qu'elles sont devenues mères ; à entendre les diffamateurs, toutes les jeunes filles qu'un candidat passe pour avoir aimées sont devenues mères. On ne les nomme pas : toujours par ce sentiment chevaleresque dont les diffamateurs se font un devoir, mais on allègue des témoignages quelconques, peut-être des lettres qui disent toute autre chose ; et bientôt les commères du parti opposé vont proclamant que vous êtes un débauché auquel elles ne permettraient pas l'entrée de leur maison, car elles ont des filles.

Ces bonnes gens sont ici plus hardis que notre législateur ; malgré sa dureté envers l'amour libre et les amants, il a interdit la recherche de la paternité ; et si une jeune fille que vous avez aimée, ou que vous passez pour avoir aimée, est devenue mère, il n'affirme pas si légèrement que l'enfant est le vôtre.

D'ailleurs, quelle chose étrange que d'accuser toujours l'homme, et l'homme seul? Pourquoi dire et prétendre qu'un homme très-souvent laid et dépourvu de grâce, car les hommes beaux sont rares, a séduit, charmé, enthousiasmé et rendu folle une fille belle et jeune ?

Quel est le plus séduisant des deux ? N'est-ce pas elle?

Quel est celui des deux qui le premier s'est senti le

cœur troublé par l'autre? croyez-vous que c'est elle? moi, je crois que c'est lui.

Quel est celui des deux qui a montré la première coquetterie et une grande envie de plaire? moi, je crois que c'est elle.

On peut n'être pas du même avis, mais qu'en savons-nous?

Qui nous dit que le jeune homme n'a pas voulu plusieurs fois s'éloigner d'elle avant ce qui fut un malheur? Qui vous dit qu'elle ne l'a pas retenu et rappelé par lettres, avec insistance et avec pleurs?

Ce genre de diffamation a réellement un caractère très-grave pour les candidats, parce que, en telle matière, il est presque toujours impossible de se justifier clairement ou complétement. A de prétendus témoignages qui affirment, il faudrait pouvoir opposer des témoignages contraires. Or, les témoins valables seraient des femmes, qu'on ne peut faire comparaître. Nous n'examinerons pas d'ailleurs si on voudrait ajouter foi à leurs dénégations.

De plus, en ces matières, il est facile de broder toutes sortes de mensonges révoltants sur un fonds vrai et simple. Souvent les choses dont on évoque le souvenir remontent à vingt ou trente ans et plus, souvent tout moyen de défense est oublié, égaré, perdu.

Souvent encore, on peut avoir le moyen décisif et clair de repousser une partie des allégations, mais non toutes; car, s'il est assez facile de prouver qu'une chose est arrivée, il est ordinairement beaucoup plus difficile de prouver qu'elle n'est pas arrivée, surtout si l'ombre même de ce qui est allégué n'existe pas.

Or, lorsque parmi dix accusations de ce genre vous parvenez à en détruire six, les quatre qui restent et que vous n'avez pu détruire soit faute de témoignages, soit parce que des convenances rigoureuses vous interdisent d'invoquer des témoignages de femmes ou au sujet des femmes, les quatre accusations que vous n'aurez pu détruire seront tenues pour vraies, et d'autant plus que vous aurez mieux réussi à détruire les autres. Car on vous dira : « Pourquoi ne détruisez-vous pas encore ces quatre accusations? »

Vous répondrez en vain : « Je ne puis les détruire parce que dans une multitude de cas, lorsqu'une chose n'a point existé, il est impossible de prouver qu'elle n'a point existé. »

Supposons que dans une réunion d'hommes l'un d'eux affirme que vous avez été, en secret, l'amant d'une négresse qu'il a bien connue. C'est elle qui le lui a raconté, il en est sûr.

Tout le monde vous demande aussitôt quel âge avait cette négresse, et comment elle était faite.

La chose est fausse, vous n'avez jamais adoré la Vénus d'ébène. Cependant, vous aurez beau vous impatienter, vous fâcher, il n'y aura pour vous aucun moyen de prouver que c'est faux ; et quand même vous tueriez le lendemain cet individu en duel, vous n'aurez pu parvenir à prouver que vous n'avez pas aimé sa négresse.

Et le corps électoral, qui ne connaît pas la théorie des preuves, sera toujours tenté de croire que les accusations que vous n'avez pu détruire sont vraies.

Après tout, lors même que l'amour a été une faute, pourquoi faire peser invariablement toute la faute sur l'homme ? Pourquoi admettre en règle absolue qu'il a été le seul coupable? Ne professe-t-on pas pourtant, comme article de foi, que ce n'est pas Adam qui a commencé?

Et lorsque l'amour a été un malheur, pourquoi admettre d'emblée qu'il n'a fait qu'une victime, toujours la femme ? Qui nous dit que l'homme n'a pas souffert cent fois plus qu'elle? qui nous assure que dans la rupture d'une liaison entre un homme et une jeune fille il n'y a pas eu des causes et des circonstances que personne n'a droit de connaître et qui ont fait de la rupture une obligation désespérante et rigoureuse? Comment oserait-on interroger sur de tels sujets ? est-ce que le cœur d'un homme n'a pas aussi sa pudeur ? et après vingt ou trente années écoulées, est-il utile et honnête de se livrer à des enquêtes qui peuvent désoler plusieurs familles?

Oui, l'amour libre est un péril ; oui, il est contraire à la morale, et il entraîne souvent des conséquences aussi funestes qu'inévitables ; mais puisque, malgré la morale, la loi, les périls visibles, les catastrophes renouvelées chaque jour, hommes et femmes en si grand nombre parmi les plus énergiques et les mieux doués, aussi bien que parmi les faibles, y tombent tour à tour les yeux ouverts, c'est apparemment que l'attraction est bien irrésistible; et puisque les humains dans leurs discours habituels traitent la chose si légèrement, on ne comprend pas qu'après en avoir ri comme hommes, ils viennent s'en indigner comme électeurs.

En résumé, lorsqu'on accuse publiquement un homme au sujet de ses liaisons anciennes, il ne peut guère se disculper le moins du monde qu'en compromettant des femmes et en désolant des familles. Et si le respect de celles qu'il a aimées plus fort que son ambition, si un point d'honneur plus fort que le soin même de son honneur lui impose silence, il demeure la proie et la victime de ce qu'il y a de plus odieux dans le monde : les délateurs, les calomniateurs payés et les entrepreneurs de chantage.

Au risque d'ajouter à l'incohérence qui caractérise ce sujet, concluons :

Les gens sages devraient repousser toute discussion à cet égard, parce qu'aussitôt qu'on laisse produire une révélation au sujet des liaisons de jeunesse d'un homme, on provoque la malignité publique, et on la pousse à rechercher la femme, mise indirectement en cause; mais les jeunes hommes désireux d'entrer dans la carrière politique doivent se marier de bonne heure et rester fidèles à leurs femmes.

Assurément on doit tenir grand compte de la moralité privée ; tout le monde est d'accord à·cet égard, surtout pour ce qui touche la famille. Lorsqu'on prend un professeur, un commis, un domestique dans une maison, on doit s'informer de ses mœurs. Lorsqu'on marie sa fille, on doit savoir quelle a été la conduite de celui qui la demande. Mais puisque peu de pères de famille considèrent comme un danger que leur gendre ait appliqué le proverbe qu'*il faut bien que jeunesse se passe,* et lui livrent une fille chérie·lorsque la jeunesse du futur n'est pas absolument passée, la raison publique doit sentir ce qu'il y aurait d'outré et d'insensé à admettre, contre un candidat, des griefs qui font rarement repousser un gendre, et surtout lorsque la jeunesse du candidat est depuis longtemps passée et enterrée.

Citons maintenant quelques exemples de ces sortes de diffamations :

Au temps jadis, un jeune homme avait une amie, alors éloignée de Paris.

Certain soir, il voit arriver un commissionnaire avec un coffre d'une forme antique et une lettre.

Il lit :

« Cher ami, mon mari est absent pour huit jours, j'ai dit à mes domestiques que j'allais voir ma grand'-mère dans le département de ***, et je passerai en effet deux jours chez elle avant de retourner à la maison.

« J'ai donc pris la diligence pour Paris, et me voici à l'hôtel de *** sous le nom de Mme de ***. Je vous dirai ce que signifie l'étonnante boîte qu'on vous remet.

« N'est-ce pas que tout cela est bien amusant? »

L'ami apprend une demi-heure après que la dame, n'ayant pas d'argent pour son voyage, apporte un certain nombre d'objets qui lui sont inutiles et qu'elle veut vendre ou engager, peu importe, pourvu qu'elle ait de l'argent. Et comme elle ne peut s'adresser à aucune des personnes qu'elle connaît à Paris, ni sortir de sa chambre, c'est l'ami qu'elle charge de l'opération.

Grand embarras, exclamations !

« Comment voulez-vous que je fasse? dit-il.

— Chargez-en un de vos amis.

— Mais, c'est impossible!...

— Votre concierge?

— Jamais de la vie!... »

Les voilà tous deux fort tracassés.

Le lendemain matin, nulle solution n'était trouvée. Le jeune homme rentré chez lui se creusait la tête pour échapper à cette difficulté, lorsque arrive un M. X... qui s'occupait de ventes de livres et de trafics bizarres ; on cause.

« Qu'est-ce que ce coffre singulier? dit X... »

Le jeune homme sourit et raconte l'affaire.

« Qu'à cela ne tienne, répond l'obligeant visiteur ; je vais vous tirer d'embarras et engager moi-même tout cela. Voyons, faisons l'inventaire.

— Ah! mon cher monsieur X..., s'écrie le jeune homme, quel service vous me rendez et de quel ennui vous me tirez! j'en aurai toute ma vie une reconnaissance extrême. Ma pauvre amie a fait une grande imprudence en venant ici sans argent, puisqu'elle sait bien que je n'en ai guère. Vendre tout cela me semblait impossible à moi, et plein d'inconvénients pour elle; et je n'aurais pu me résoudre à engager ces objets qui ne m'appartiennent point.

— Vous avez bien raison, dit X..., et par la même raison, pour ma sécurité, il faut que vous me donniez un mot d'écrit qui atteste que je n'ai point volé ces objets.

— Mais je ne veux pas du tout que mon nom figure dans cette affaire qui m'est très-désagréable.

— Soyez donc tranquille, jamais votre nom ne paraîtra; la terre entière ignorera que j'ai rendu ce service à vous et à votre amie; mais, dans votre situation à tous deux, les plus subites catastrophes sont possibles. Vous pouvez être tué demain par le mari de votre amie, et il ne faut pas qu'on puisse m'accuser d'avoir volé les objets qui sont là.

— C'est juste; que faut-il écrire? »

X... dicte :

« Je reconnais avoir chargé mon ami, M. X... d'engager pour moi... etc. »

Voilà donc l'affaire faite. La dame reçoit l'argent, on offre un fort joli présent à X... qui l'accepte fort bien selon l'habitude en cas pareil; tout le monde est heureux.

Mais, vingt-cinq ans plus tard, l'ancien jeune homme devenu candidat à la députation, ayant depuis long-temps cessé de payer des commissions fâcheuses, voit apparaître X..., son petit papier à la main, qui l'accuse d'avoir fait vendre ou engager les habits de sa maîtresse pour s'en faire un argent de poche.

Comment le candidat, le député même pourra-t-il se disculper ?

La jeune voyageuse d'autrefois, mère de famille portant un nom honorable, dans une situation maintenant irréprochable et respectée, comparaîtra-t-elle devant les électeurs ?

L'homme diffamé pourra-t-il même produire des lettres et des reçus en bonne forme ?

Non. La justification est de toute manière impossible, et voilà une légèreté de jeunesse dont les conséquences sont bien lourdes.

Autre exemple :

Dans une certaine circonscription, les candidats étaient nombreux. On y voyait un officiel, député sortant ; ensuite un officieux, membre de l'Institut, écrivain célèbre ; puis un homme considérable du département, conseiller général depuis longues années, s'appuyant sur les légitimistes et le clergé ; puis le maire de la ville principale, puis le président d'une société rurale, et enfin un homme peu connu dans le pays et représentant les opinions démocratiques. Personne n'avait cru d'abord que ce dernier eût la moindre chance de succès, mais les réunions publiques l'avaient partout applaudi ; l'administration s'émut.

Peu de jours avant le scrutin, le sous-préfet fit une tournée dans les cantons. Il convoqua les maires, les conseillers, les juges de paix, les notables, et leur dit :

« Messieurs, vous avez un grand nombre de candidats, vous savez quel est celui que le gouvernement vous désigne ; cependant, si vos suffrages se portaient sur le célèbre écrivain ou sur un conseiller général que nous estimons tous, le gouvernement ne considérerait pas leur élection comme un acte d'hostilité ; mais il est un candidat dont je ne parle même pas et pour lequel on ne pourrait voter sans violer toutes les convenances, c'est l'ennemi de l'ordre...

— Mais, monsieur le sous-préfet, répliqua-t-on, ce candidat est dans une situation de fortune où il n'a nul intérêt au désordre, il dit de très-bonnes choses et il a des chances, beaucoup de chances.

— Messieurs, la nomination de ce candidat serait une honte pour le pays.

— Eh ! pourquoi donc, monsieur le sous-préfet ?

— Parce que c'est un repris de justice, il a subi des condamnations lorsqu'il était à l'étranger.

— Oui, il a été condamné à Paris, pour écrits politiques.

— Non, messieurs, je ne parle pas de condamnations politiques ; ce candidat a subi une condamnation infamante à l'étranger.

— Et pour quel sujet, monsieur le sous-préfet?

— Messieurs, c'est pour une cause abominable...

— Mais laquelle?

— C'était pour attentat aux mœurs ! »

Aussitôt, des électeurs favorablement disposés, mais étonnés, viennent trouver le candidat et l'avertir. D'autres comprennent bien et expliquent à leurs concitoyens que si cette accusation était fondée, elle serait appuyée par la publication du jugement, outre que le candidat ne serait ni éligible ni électeur. Cependant les adversaires répandent les discours du sous-préfet; un commissaire de police les colporte dans les cafés et les amplifie. De tous côtés on raconte les histoires les plus étranges. Le candidat bat sa femme et ses gens, il débauche toutes les filles de son village, etc., etc.

La femme du candidat visite à son tour les cantons; elle fait arrêter sa voiture sur les routes et appelle les laboureurs qui viennent l'écouter, elle entre dans les maisons, distribue partout des bulletins de vote, et parle aux femmes qu'elle rencontre.

« On vous dit que mon mari est un méchant homme, un débauché, qu'il me maltraite et me rend malheureuse. Ce sont d'indignes calomnies. Mon mari est un parfait honnête homme, d'une conduite exemplaire et un grand travailleur. Venez demander ce qu'on en pense dans notre village, parlez à tous nos domestiques, ils vous convaincront; et d'ailleurs, ne voyez-vous pas que s'il était un méchant homme et un débauché, s'il ne me rendait pas heureuse, moi, sa femme, je ne prendrais pas ainsi sa défense? »

Ce raisonnement si simple et si clair produisit un grand effet, mais alors on répandit le bruit que la dame n'était pas l'épouse du candidat; elle vivait, disait-on, avec lui dans une situation irrégulière.

Le candidat produisit l'acte de l'état civil constatant son mariage. Mais alors on soutint que la dame, veuve d'un premier mariage, n'avait jamais été mariée avec l'homme dont elle avait autrefois porté le nom. Il fallut produire le *Dictionary of the peerage and Baronetage* imprimé à Londres, où le nom de cette dame, appartenant à la noblesse anglaise, était depuis longtemps consigné, avec la date de son premier mariage et le nom de son premier mari.

Ceux qui ont suivi les élections de 1869 dans le département de Seine-et-Marne savent bien de quel candidat il s'agit. Mais nul triomphe ne saurait faire oublier les douleurs et les anxiétés que jettent dans les familles ces luttes véritablement atroces. Et quelles traces ne laissent-elles pas après elles dans un pays !

Les diffamateurs ont de grands avantages sur ceux qu'ils accusent.

Rien n'est plus aisé qu'une allégation quelconque, tandis que très-souvent, au contraire, rien n'est plus difficile que de démontrer la fausseté de l'allégation.

Dans tous les cas, l'allégation est lancée en un instant, par une parole ou quatre lignes d'un journal, d'une affiche ; tandis que la réfutation, lors même qu'elle est possible, exige la recherche et la réunion des preuves, l'appel des témoins et l'accord des témoignages. De sorte que si la mémoire d'un seul témoin fait défaut, si une seule lettre sur laquelle vous aviez compté s'égare, tous vos efforts pour vous disculper peuvent n'aboutir à rien qu'à votre confusion.

Les bavardages des campagnes, la curiosité, la malignité se rangent volontiers du côté des diffamateurs ; les rieurs leur font cortége.

Les gens qui mènent mauvaise vie recueillent avidement les fâcheuses histoires qu'on fait de vous, et ils les répandent comme un exemple qui les excuse en quelque sorte.

D'ailleurs un homme qui semble pouvoir être élu député ou sénateur, occupe déjà d'ordinaire une situation enviable ; il a des ennemis qui ne laissent point échapper une telle occasion de lui nuire en ajoutant leurs insinuations à celles des diffamateurs.

Quant aux adversaires politiques, il n'hésitent pas, ils croient tout ce qui peut vous perdre ; ils sont prêts à l'affirmer sur leur tête, ils l'ont vu, ils l'ont entendu. Ceux qui dans la clarté de leur bon sens reconnaissent bien toute la sottise et l'ineptie des calomnies qui circulent, ne font aucun effort pour les combattre puisque leur passion politique est en jeu.

Les honnêtes gens de votre parti, eux-mêmes,

suspendent leur jugement ; et plus l'accusation est énorme, plus ils se tiennent prudemment à l'écart de la personne diffamée.

Lorsqu'il s'agit d'un homme politique, toujours personnellement inconnu de l'immense majorité des électeurs, et lorsqu'on est à la veille du scrutin, la situation du candidat est donc extrêmement fâcheuse.

En théorie, on peut intenter un procès ; la diffamation est punie par les lois ; mais lorsqu'il s'agit d'une élection qui va se faire dans quinze jours, dans huit jours, le candidat qui abandonnerait sa circonscription, ses réunions, ses comités pour faire un procès, serait assurément battu ; car, ici surtout, lorsqu'on quitte la partie on la perd ; et c'est bien ce qu'espèrent les diffamateurs et ceux qui les emploient.

Ainsi, un candidat diffamé en pleine période électorale se trouve dans cette alternative : rechercher des preuves, des témoignages pour défendre sa réputation en perdant son élection, ou continuer à combattre jusqu'à la dernière extrémité pour son drapeau politique en restant couvert d'accusations odieuses.

En 1869, j'ai pu éprouver toutes les difficultés d'une telle situation. L'administration avait répandu sur moi des calomnies abominables. Cependant, après un premier tour de scrutin, j'avais une majorité relative considérable, mon élection devenait certaine.

Mais, peu de jours avant le second tour de scrutin, un nouveau diffamateur apparaissait, conduit par le candidat officiel, et il en convenait.

Avec le concours des journaux impérialistes, il m'accusait publiquement d'avoir trompé les électeurs en leur disant que j'étais démocrate. Il niait que mes opinions politiques eussent été cause de mon séjour à l'étranger depuis 1852 jusqu'à 1860. Par des réticences calculées et des sous-entendus soulignés, il donnait à entendre aux électeurs que mon séjour à l'étranger avait eu des motifs inavouables, qu'il se gardait de faire connaître, afin de laisser un libre cours à toutes les suppositions.

Finalement, il me sommait de comparaître quarante-huit heures avant le deuxième tour de scrutin devant une réunion d'électeurs à laquelle tous les candidats mes concurrents devaient assister. Là il se déclarait en mesure de démontrer que je n'avais jamais été démocrate, que la politique n'avait été pour rien dans mon séjour à l'étranger ; et, en outre, il se faisait fort de démontrer ce qu'il appelait mon indignité.

Si nous avions été dans Seine-et-Oise où, dès 1848, je m'étais présenté comme candidat républicain dans de nombreuses réunions publiques, et où la franchise de mes discours, la netteté de mes principes avaient été reconnues de tous, même par ceux qui m'en faisaient un reproche, les électeurs eussent souri en entendant dire que je n'étais pas démocrate ; mais nous étions dans Seine-et-Marne où personne ne me connaissait (V. *Notes*).

Le diffamateur pouvait affirmer là que je trompais les électeurs lorsque je disais que, dès 1848, j'avais obtenu 25,000 suffrages républicains; il pouvait affirmer que je n'en avais eu que 13,000. Personne ne savait ce qu'il en était. Mais, dans Seine-et-Oise, cent électeurs eussent retrouvé d'anciens journaux pour prouver que je disais la vérité et que le diffamateur disait bien réellement le contraire de la vérité.

Si j'avais eu plus de temps, j'aurais pu produire des documents de diverse nature, ainsi que mes publications anciennes, déjà assez nombreuses pour établir la constance de mes convictions démocratiques et pour prouver que c'étaient bien elles seules qui m'avaient maintenu longtemps à l'étranger; mais par une précaution très-facile à comprendre sous l'empire j'avais, longtemps avant les élections, mis tous mes papiers principaux en sûreté, au loin. Il m'eût fallu perdre quatre jours et mon élection pour les aller querir.

Le piége qu'on avait ouvert devant moi semblait donc inévitable; car si je refusais purement et simplement de comparaître dans la réunion d'électeurs et d'accepter le défi, on pourrait croire que j'étais en effet indigne et que je le reconnaissais implicitement.

D'un autre côté, si je comparaissais, rien n'était plus facile que de m'accuser hardiment de toutes sortes de crimes sans qu'il me fût possible de me justifier à l'instant. — Une justification immédiate m'eût été d'autant plus impossible que, dans l'assignation publique qui m'était adressée, on ne précisait en aucune manière les accusations qu'on prétendait prouver; de sorte que, ne pouvant préparer aucune défense, puisque je ne savais pas de quoi on allait m'accuser, je devais rester noir comme l'enfer au moment du scrutin qui s'ouvrait quarante-huit heures après.

J'évitai cependant le piége.

Dans un placard, je fis comprendre aux électeurs qu'en présence du succès de l'opposition, désormais certain, les adversaires employaient ces procédés diffamatoires, à la dernière heure, afin de *mettre en déroute* les libéraux tout près de vaincre.

Mon placard se terminait ainsi :

« Je m'engage solennellement à appeler, dix jours après l'élection, un jury d'honneur composé d'un certain nombre d'entre vous et de députés de la gauche, pour prononcer sur les calomnies de toutes sortes qui pèsent sur moi ; je me réserve alors de poursuivre les calomniateurs.

« Et je m'engage à donner ma démission de député, si ce jury ne me déclare publiquement justifié des accusations dont je suis l'objet.

« Ne savez-vous pas que partout où un candidat de l'opposition est prés de triompher, ces moyens sont employés ?

« Prononcez donc votre verdict politique en votant pour moi.

« Au nom de la liberté, ne laissez pas échapper le triomphe que mes efforts, depuis six mois, ont préparé à l'opposition, et que l'on veut nous arracher.

« Soyez assurés que, dès le lendemain de l'élection, je me mettrai en mesure de tranquilliser vos consciences. »

Je fus élu, et, en effet, dans les dix jours, le jury d'honneur fut constitué. Il se composait de trois députés de la gauche et de cinq électeurs de la circonscription. Deux électeurs seulement devaient d'abord être convoqués, mais trois autres ayant insisté pour s'y joindre, on les admit.

Comme on pouvait bien s'y attendre, le diffamateur refusa de comparaître et de produire ses prétendues preuves, sous prétexte que les députés de la gauche et les électeurs démocrates qui composaient le jury ne lui offraient aucune garantie.

Le jury d'honneur cependant prit connaissance des témoignages d'hommes politiques, et des documents authentiques, qui établissaient l'ancienneté et la constance de mes opinions démocratiques ; il déclara établi que je n'avais subi d'autre condamnation qu'un jugement pour écrit politique, et le verdict fut aussitôt rendu public.

Nous nous sommes étendu sur cette circonstance, parce que le moyen employé alors peut servir à d'autres candidats et pourrait souvent assurer le triomphe du parti menacé d'échec par les délations de la dernière heure.

———

Assurément, rien n'est plus vil que le rôle des diffamateurs ; toutes les suppositions sont légitimes rela-

tivement aux mobiles qui les conduisent; il est ordinairement facile de prouver que ces mobiles sont
odieux et que les diffamateurs sont des hommes sans
moralité et sans honneur.

Il semble donc que, contre eux, une action en diffamation est très-aisée, très-praticable, et qu'on ne
doit jamais manquer de les traduire en justice pour
les y faire condamner selon leurs mérites.

On va voir qu'il en est tout autrement.

Je citerai encore les circonstances d'une élection
de 1869 dans Seine-et-Marne, parce qu'il s'agit de
faits très-caractérisés, assez récents et bien authentiques.

Aussitôt après le verdict du jury d'honneur, plusieurs électeurs notables qui avaient appuyé ma candidature, me dirent : « Maintenant, vous allez poursuivre en diffamation le sous-préfet, les journaux et
tous les colporteurs de calomnies... Nous irons tous
témoigner au besoin.

— Non, répondis-je, il ne me paraît pas que je
doive poursuivre personne. Parmi les diffamations
produites, il en est que dans un procès on prétendra
discuter en désignant plus ou moins clairement d'anciennes amies de ma jeunesse... Cela n'est pas possible.

— Mais vous resterez donc sous le coup de ces
accusations ?

— Je ferai mon devoir, tout mon devoir de député,
et, de même qu'il est, dès maintenant, prouvé publi-

quement que je suis et que j'ai toujours été démocrate, quoique on ait prétendu le contraire, on reconnaîtra aisément par toute ma conduite désormais publique, que je suis et n'ai jamais cessé d'être un honnête homme, quoique on ait prétendu le contraire.

— Mais si on n'oublie pas ces accusations restées sans réponse, si elles ne cessent de vous poursuivre ?

— Tant pis!... je n'y puis rien. Si j'intentais un procès, il faudrait logiquement en venir à invoquer des témoignages, à produire des documents émanant de personnes dont il m'est surtout interdit de troubler le repos.

D'ailleurs, en ce qui concerne le sous-préfet, mon élection est son principal châtiment et il y ajoute en outre l'amende honorable, car il s'empresse de me saluer profondément chaque fois qu'il me rencontre. Restons-en là.

J'avais parlé à Ernest Picard de cette question des poursuites. Il connaissait tous les faits, puisqu'il avait été membre du jury d'honneur. Il me dit :

« Après qu'on est battu dans une élection, on doit souvent poursuivre les diffamateurs. Il peut être utile de discuter dans un débat public les faits et les allégations, afin de dissiper certains doutes injurieux; mais lorsqu'on est vainqueur, on ne doit jamais poursuivre personne. Rejetez tout cela du pied, et ne vous occupez que de la Chambre et de votre mandat; nul jugement d'aucun tribunal n'égale en autorité le verdict des électeurs. »

En effet, supposons qu'on eût engagé un procès, et nous verrons que tout étant terminé et son élection validée, il faudrait qu'un député fût bien fou pour descendre de son siége et pour aller se salir encore dans toute cette vidange électorale.

D'abord, quant au sous-préfet, sous l'Empire, et au sujet d'un député de la gauche, dont l'élection avait extrêmement étonné et irrité l'administration, et tous les électeurs de la circonscription qui ne penchaient pas vers la République, il se serait défendu probablement à la manière de tous les diffamateurs, c'est-à-dire en diffamant de nouveau et davantage. Or, rien n'eût été plus inepte que de courir un tel risque, alors qu'on était élu et qu'il n'y avait plus de doute sur la nature de la condamnation dont on avait parlé, puisqu'il était prouvé que cette condamnation avait été politique, et non pas infamante, comme l'avait dit ce magistrat.

Un diffamateur accusait le député d'avoir fait autrefois payer ses dettes et un mobilier élégant par une dame.

Le député pouvait aisément prouver, par des pièces authentiques, que les dettes et le mobilier avaient été payés alors par son oncle, ancien député, ancien conseiller d'État, et que ce parent, cet ami, lui avait depuis prêté à diverses reprises des sommes que le député avait toutes rendues à la mort de son père. L'oncle et toute la famille eussent attesté ces faits.

Mais pourquoi descendre à de telles justifications ?

pourquoi fournir aux diffamateurs l'occasion nouvelle et précieuse de discuter en plein tribunal des circonstances dans lesquelles on voulait faire figurer des personnes étrangères au débat ? Le député, certain d'en sortir justifié quant à ses anciens comptes de meubles et de cravates, ne pouvait empêcher que de tels débats, s'il les engageait, dussent porter le trouble ailleurs que dans sa propre famille.

Pour repousser des insinuations mensongères et injurieures, il fallait discuter le caractère et la conduite personnelle du diffamateur. Ce n'eût sans doute pas été à son avantage, on eût peut-être facilement montré que tant de colère venait de ce que l'homme politique, devenu riche et rangé, avait depuis longtemps cessé de payer des commissions fâcheuses.

Il était facile de prouver que, dans une grande partie de ses allégations, le diffamateur exprimait sciemment le contraire de la vérité et qu'il altérait sciemment la vérité pour le reste.

Plus on eût prouvé contre ce singulier apôtre de la moralité, et plus il aurait pu se dire à son tour diffamé, de sorte qu'on avait chance d'arriver à un jugement portant à peu près ce qui suit :

« Le tribunal,

« Attendu qu'il résulte des faits de la cause que si une partie des allégations du sieur *** contre M.***, député, n'est nullement établie et constitue d'ailleurs une véritable diffamation ; d'un autre côté, au cours des débats, M.***, député, s'est livré à des affirmations et à des récriminations qui ont motivé de la part du sieur *** une action reconventionnelle en diffamation;

« Que si le sieur *** a eu tort d'émettre des propos injurieux contre M.***, alors qu'il était candidat, et si le tribunal doit tenir compte des excitations regrettables, mais inévitables et réciproques, de la période électorale, on ne peut méconnaître que dans un procès qui suit son triomphe électoral, et qui, à cet égard, n'a plus qu'un objet de récrimination et de vengeance, M.***, député, s'est livré à des affirmations et à des enquêtes sur la vie privée et le passé du sieur***, qui constituent une véritable diffamation ;

« Statuant sur les conclusions des parties;

« Compense les torts de part et d'autre, et condamne les parties solidairement aux frais. »

Ceux qui violent des femmes les tuent ensuite presque toujours. Un possesseur de noirs, pour m'expliquer la férocité des planteurs, m'a dit autrefois qu'en présence d'un esclave et à sa vue seule, le maître éprouvait souvent un sentiment d'une nature extraordinaire et si plein de haine, qu'aussitôt qu'on commençait à frapper on ne pouvait presque plus s'arrêter.

Il semble que les diffamateurs ressentent un vertige semblable. Dès que leur œuvre abominable est commencée, ils vont jusqu'aux extrémités les plus étranges.

Après avoir cherché à souiller l'objet de leur haine, ils admettent avec joie ce qui, sans nuire à sa réputation, suffit à lui causer une douleur ; ils admettent avec délices ce qui ne le fera pas souffrir en lui-même précisément, mais dans un objet de son affection. Enfin, ils regardent comme le complément et le couronnement suprême de leur œuvre les outrageuses révélations longuement calculées contre la mémoire des morts vénérés.

Voici un candidat qui n'a jamais porté de titre. Il porte seulement la particule comme son père, son grand-père et toute sa famille.

Un diffamateur vient et appelle ce candidat publiquement M. le comte. Notez qu'il le connaît depuis longtemps et ne lui a jamais donné ce titre. Pourquoi donc commence-t-il aujourd'hui ?

Dans ses écrits, diffamatoires ou non, il l'appelle maintenant M. le comte.

Pourquoi donc ?

Ah ! c'est un homme qui sème quelque chose ; vous allez voir.

A la suite d'un libelle, il produit enfin... devinez quoi ? L'acte de naissance du candidat.

« A quoi bon ? » dites-vous.

Voici : l'acte de naissance ne porte ni titre, ni *de;* ni pour le nom du fils, ni pour le nom du père.

L'auteur du libelle sait bien que le père du candidat est né à l'époque révolutionnaire, alors qu'on interdisait aux anciens nobles de faire consigner ni titre ni particule dans les actes de l'état civil. Le père du candidat se trouvait ainsi dans le même cas qu'une foule de fils des familles nobles qui étaient nés à la même époque.

Cependant, cette opposition, cette contradiction apparente entre l'acte de naissance du candidat et la particule qu'il porte ne serait pas accentuée suffisamment, c'est pourquoi on lui donne tout à coup et pendant quinze jours le titre de comte. On espère faire croire qu'il s'appelle ainsi dans ses relations, sans être même ce qu'on appelait un gentilhomme avant la révolution.

Mais ce n'est pas tout : le fruit de cette chose semée et cultivée ainsi est bien plus savoureux qu'on ne pourrait croire. Voici comment :

La publication de l'acte de naissance du candidat semble, en apparence, l'œuvre d'un homme qui ne souffre pas qu'on prenne une fausse qualité, et qui veut détromper le peuple sur un faux démocrate qui se déguise en gentilhomme ; mais il y a un autre motif :

L'acte de naissance révèle que le candidat est né hors mariage et qu'il n'a été légitimé que par un mariage subséquent, comme disent les juristes.

Qu'importe au monde, qu'importe à la politique qu'une pauvre fille ait été aimée autrefois par le fils d'une vieille et riche famille, et qu'après avoir obtenu l'estime de la vieille famille, la pauvre femme, trois jours avant sa mort, ait obtenu le titre et le nom d'épouse dont sa tombe seule aura été ainsi parée ?

Pourquoi troubler cette cendre d'une femme ignorée et morte depuis si longtemps ?

Et quelle n'est pas la folie autant que l'infamie des diffamateurs qui calculent si mal leurs coups !

Est-ce que cette révélation n'abrégeait pas la tâche de l'homme politique mis en demeure de prouver la sincérité de sa foi démocratique ?

Lorsqu'on est fils d'une pauvre couturière à laquelle sa beauté a coûté bien des pleurs, lorsqu'on a eu pour aïeul maternel un simple ouvrier maçon, les ancêtres paternels peuvent imposer le soin d'un héritage d'honneur, le respect du nom qu'on porte, le désir d'y ajouter quelque lustre ; mais rien ne saurait ébranler un irrévocable attachement à la cause démocratique et à des convictions qui ont leur source dans les sentiments autant que dans la science, dans les souvenirs autant que dans le cœur.

En définitive, les poursuites possibles, les pénalités sévères sont utiles afin d'empêcher le débordement des injures. Il serait nécessaire qu'on pût poursuivre du chef de *diffamation électorale* les fonctionnaires administratifs ; mais des exemples nombreux et récents prouvent que les procès en diffamation offrent rarement aux hommes politiques des avantages qui compensent leurs inconvénients, surtout lorsque les diffamateurs sont gens de situation très-inférieure et qui trouvent dans le scandale précisément les satisfactions qu'ils ont cherchées.

D'ailleurs, de la part d'un homme politique, le procès en diffamation ne prouve presque jamais rien de ce qui importe en tant que politique.

M. A... se présente comme candidat, c'est-à-dire, comme centre et ralliement des votes de l'opposition ; on le diffame parce qu'on redoute le succès de son parti.

Lorsqu'on aura prouvé que M. A... fut, comme un si grand nombre de ses partisans et de ses adversaires, un peu coureur dans sa jeunesse, aura-t-on prouvé que l'opposition a tort?

Et lorsque M. B... aura prouvé qu'il était un petit saint à vingt-cinq ans et qu'il n'a jamais eu de comptes à régler avec son tailleur, aura-t-il prouvé qu'il est un patriote, un homme instruit et courageux?

Lorsqu'on choisit un avocat, un médecin, est-ce qu'on tient beaucoup à savoir quelle fut sa vie d'étudiant? On tient surtout à ce qu'il soit aujourd'hui un homme savant dans son art, exact dans ses obligations, laborieux, rangé et inattaquable dans sa vie actuelle ; et s'il est tel depuis beaucoup d'années, on le tiendra pour parfaitement sûr. Tout le monde sent bien d'ailleurs ces vérités, et ce n'est pas à ce point de vue qu'on emploie la diffamation dans les élections. C'est simplement un moyen dont on se sert pour faire échouer un concurrent qui paraît devoir réussir, en se réservant bien ensuite d'en rire.

Sans reparler des saluts profonds du sous-préfet qui m'avait bassement diffamé, j'ai rencontré beaucoup d'hommes très-convaincus de leur propre honorabilité qui, après avoir colporté eux-mêmes avant l'élection des libelles contre moi, venaient ensuite le sourire aux lèvres me tendre la main d'un air qui semblait signifier : Vous êtes vainqueur, cher monsieur, j'en suis charmé; oublions tous ces vilains commérages et n'en parlons plus.

Mais ce qui est très-grave, c'est la trace que de telles manœuvres laissent dans un pays. Les gens de simple bon sens, les ouvriers des campagnes, les hommes sans expérience qui composent la grande majorité des électeurs ne peuvent croire que tant d'accusations fussent sans fondement.

On leur a dit généralement que le candidat était criblé de dettes, qu'il ne payait pas ses domestiques.

En vain il sera fort en règle dans ses affaires, en vain on chercherait une réclamation bruyante de ce genre à sa charge; en vain il acquittera régulièrement ses impositions bien avant la fin de l'année; le bruit courra toujours dans le pays qu'il est criblé de dettes. J'en sais quelque chose.

En vain il gardera ses domestiques six ans, douze ans; il payera les soins du médecin dans leurs maladies et il les aidera dans leurs petites difficultés d'affaires personnelles; le bruit continuera à courir dans le pays qu'il ne les paye point et qu'il les maltraite.

Je parle en très-sûre connaissance de cause, car non-seulement j'ai tenu tous mes engagements envers mes électeurs dans mes votes à la Chambre ; j'ai introduit dans Seine-et-Marne l'usage de rendre compte aux électeurs, après chaque session, de la conduite de leur député ; et tous les représentants de ce département, depuis lors, ont suivi mon exemple. J'ai voté contre la guerre ; ma proposition du 17 août 1870, relativement à l'achat des céréales et des bestiaux par le gouvernement, a sauvé de la ruine un grand nombre d'agriculteurs de Seine-et-Marne, beaucoup d'entre eux le déclarent hautement. Les habitants savent bien qu'après le 4 septembre, je n'ai rien voulu autre chose que combattre l'invasion comme un modeste soldat. Ils m'ont vu tomber en ballon au milieu d'eux et des Allemands le 22 octobre. Ils savent que depuis la guerre, je me suis occupé constamment des questions militaires et de tout ce qui intéresse la défense du pays. Ils savent donc bien que j'ai fait tout mon devoir. Jamais je n'ai fait de tort à aucun d'eux, jamais je n'ai eu aucune discussion personnelle avec aucun d'eux. N'importe, mes anciens adversaires n'ont point désarmé.

Je ne dois pas un centime ni à Meaux ni à Crécy, ni dans ma commune, ni à personne nulle part dans Seine-et-Marne. N'importe, je vois de temps à autre d'anciens partisans attristés et fidèles venir me demander, à voix basse, s'il est vrai, comme on le dit, que ma propriété est saisie par mes créanciers et va être vendue.

Nous ne disons pas cela en manière de gémissement. Nous avons bien passé l'âge de la naïveté, et nous savons qu'en politique rien n'est plus enfantin que la plainte. En ce qui nous concerne, nous contemplons ces choses avec une parfaite philosophie, mais nous les rapportons comme une démonstration assez notable des conséquences qu'entraînent les diffamations électorales.

De toutes ces réflexions, et des faits que nous avons cités, ainsi que de tant d'autres qu'on pourrait y joindre, il faut conclure que la moralité publique est intéressée à ce qu'en aucun cas les électeurs n'admettent en pleine période électorale des attaques publiques contre la vie privée des candidats, parce qu'ils sont à ce moment dans l'impossibilité de répondre sans risquer de perdre la partie en se détournant de la lutte électorale ne fût-ce qu'un jour, et parce que ces attaques ont, en définitive, pour objet d'empêcher le succès d'un parti en déplaçant frauduleusement la majorité.

S'il existe des charges sérieuses contre la moralité d'un candidat, elles doivent se produire avant l'ouverture de la période électorale, alors qu'il reste un temps suffisant pour les discuter et les établir ou les détruire. Si la candidature n'a été connue que par l'ouverture même de la période électorale, il suffit d'informer sans bruit le comité principal qui appuie le candidat. Si des preuves sont apportées, le candidat devra et pourra se défendre; s'il repousse les accusations, elles sont tenues pour non avenues, le comité le garantit et il n'est pas diffamé publiquement.

S'il ne parvient pas à se disculper, le comité peut prendre des décisions en conséquence.

Toute diffamation publique pendant la période électorale, surtout aux derniers jours, doit être repoussée avec indignation comme une basse manœuvre du parti adverse.

Il s'écoulera peut-être beaucoup de temps avant que des principes simples et bien équitables soient établis par l'usage et le consentement unanime en matière d'élections ; mais, puisque le suffrage universel est devenu la seule base de nos institutions, il m'a semblé utile d'appeler les réflexions des hommes vraiment honnêtes de tous les partis sur ce grave aspect du sujet. Car, si l'on persiste à employer de tels procédés électoraux, loin de travailler à instruire les citoyens investis du droit de vote, on les poussera à la démoralisation politique la plus complète et au scepticisme le plus menaçant pour l'avenir.

Quant aux hommes revêtus d'un caractère public, tels que les magistrats et les prêtres, qui se portent diffamateurs ; quant aux ministres qui abusent du pouvoir gouvernemental pour décrier les députés de la nation, il nous paraît indubitable qu'ils doivent être l'objet d'une attention nouvelle et sévère de la part du législateur.

Assurément, il doit être rare que des magistrats chargés de faire respecter la loi, et des prêtres chargés d'enseigner la morale, se livrent à des débordements tels que ceux du sous-préfet dont nous avons parlé, et des prêtres dont a parlé M. Hémon ; mais en conclura-t-on que de telles indignités étant rares, il n'est pas nécessaire de les poursuivre et de les prévenir par la juste terreur des peines ?

Ce serait absolument comme si on soutenait que les assassins étant rares, beaucoup plus rares que les diffamateurs, il est superflu de les punir.

NOTES.

Le lecteur en voyant que, dès 1848 et 1849 j'étais candidat du parti républicain dans Seine-et-Oise, et très-près d'atteindre à l'élection, pourra se demander comment j'ai pu être si simple que d'abandonner mon département natal pour aller risquer les chances d'une lutte beaucoup plus difficile ailleurs.

Ce n'est point par simplicité que j'ai agi de cette manière.

En 1867, j'étais bien résolu à me présenter dans Seine-et-Oise. M. Labélonye, qui connaissait mon intention, vint me proposer de souscrire pour la fondation d'un journal, *l'Union libérale,* destiné à appuyer les candidatures de l'opposition aux prochaines élections. Je m'empressai de souscrire, et je fis distribuer en grand nombre, dans Seine-et-Oise, ma brochure *Les Élections prochaines,* afin de préparer ma candidature.

A la fin de 1868, je reçus de nouveau la visite de M. Labélonye, accompagné de M. de M***.

M. Labélonye me dit : « Nous savons que vous comptez vous présenter dans Seine-et-Oise, et en vérité c'est bien votre droit, puisque vous êtes aujourd'hui l'un des vétérans de la démocratie dans ce département; cependant, nous venons vous demander un sacrifice patriotique. Les candidatures de l'opposition dans le département sont déjà posées partout, elles ont de grandes chances de succès, votre candidature nous divisera n'importe où elle se produise. »

Je rappelai à M. Labélonye que dans la seule ville de Versailles, en 1848, j'avais obtenu plus de 4,000 voix sur 5,000 votants.

Que dans les arrondissements de Corbeil et d'Étampes, j'avais obtenu de très-grandes majorités, et que c'était en vue de ma candidature qu'il m'avait demandé de souscrire pour la fondation du journal *l'Union*.

Il insista et me dit :

« Allez combattre pour l'opposition dans quelque autre département qui n'a point de candidats en mesure de triompher. Faites généreusement ce sacrifice à votre cause, et soyez certain qu'en tous cas, nous vous en récompenserons plus tard. Si la république était rétablie, il est bien clair que vous devez être un des premiers élus dans Seine-et-Oise. »

J'hésitai.

M. Labélonye n'est plus, mais M. de M*** peut

se rappeler mon émotion. Cependant on invoquait l'intérêt de la cause démocratique à laquelle j'ai voué ma vie, et il me parut devoir l'emporter sur mon propre intérêt.

Voilà comment je renonçai à me porter dans Seine-et-Oise, en 1869.

Personne depuis ne s'est apparemment rappelé cette circonstance, et j'ai rencontré même l'opposition de tel qui avait invoqué mon désintéressement, aussi bien que de ceux qui en avaient profité.

Il est un moyen sûr, infaillible, d'épurer les élections.

Aujourd'hui, une candidature entraîne des dépenses considérables et souvent énormes, parce que les candidats se croient obligés de balancer partout les effets supposés des dépenses de leurs adversaires. De là résulte un système insensé.

Si les comités républicains possédaient des fonds de souscription puisés, en somme suffisante, chez leurs adhérents, on n'aurait plus besoin de ces ridicules procédés. Chacun des souscripteurs et des adhérents s'occuperait personnellement d'une propagande nécessaire afin d'épargner les ressources des comités.

Avec l'action des comités et des journaux républicains, un petit nombre d'affiches dans chaque commune ou chaque quartier suffirait amplement à la publicité de la candidature. L'élection ne coûterait pas 2,000 francs.

Cette coutume tend à s'introduire dans les grandes villes ; tout bon républicain doit travailler à la répandre et en faire l'objet d'une propagande constante, afin qu'on en recueille les fruits au moment des élections. La république étant le régime le plus propre à économiser le budget de l'État et à garantir un sage emploi des impôts, les électeurs doivent facilement comprendre qu'une petite souscription personnelle, ne fût-elle que de 25 centimes, est le meilleur moyen de s'assurer le représentant désigné comme étant le plus digne de confiance et le plus capable — au grand profit de tous, — puisque, en définitive, la question d'impôts et de dépenses nationales utiles est au fond de chaque élection.

Cette coutume empêcherait la démocratie française de suivre une ornière fangeuse qui ne peut conduire qu'aux déceptions et aux désastres.

Une bonne loi sur l'affichage électoral serait des plus nécessaires. Elle devrait interdire de recouvrir les affiches des candidats pendant la période électorale ; afin de rendre cette disposition équitable, elle pourrait interdire d'apposer plus d'une affiche d'un même candidat sur un même point. Elle devrait, au moins, assurer toute protection aux affiches de chacun des candidats, apposées sur le mur de la mairie et des sections de vote, etc.

OUVRAGES DU MÊME AUTEUR

1870. RÉCITS DU TEMPS *(Souvenirs d'un officier de francs-tireurs)*, chez Dentu, Palais-Royal.

AIDE-MÉMOIRE DU PARTISAN FRANC-TIREUR (Préparation, organisation, tactique), chez Dumaine, rue et passage Dauphine.

En préparation :

TESTAMENT D'UN RÉPUBLICAIN, 2me édition.

GENÈSE SELON LA SCIENCE, 3me édition.

Outre les volumes de cet ouvrage déjà publiés :

1° *Les Commencements du Monde;*

2° *La Vie;*

3° *Les Déluges* (géologie), cette nouvelle édition comprendra les deux derniers volumes : *les Déluges* (paléontologie) et *l'Époque actuelle.*